초등학생의 진로와 직업 탐색을 위한
잡프러포즈 시리즈 53

치과의사는 어때?

차례

CHAPTER 01
치과의사 김경아의 프러포즈

- 치과의사 김경아의 프러포즈 … 10

CHAPTER 02
치의학이란?

- 치의학은 무엇인가요? … 15
- 치의학의 기원과 발전의 역사가 궁금해요 … 16
- 우리나라에서 이 직업은 언제 생겼나요? … 18
- 의학과 치의학은 왜 분리되었나요? … 19
- 치의학은 어떤 분야가 있나요? … 21

CHAPTER 03
치과의사의 세계

- 치과 질환을 진단하고 치료하는 전문가 … 25
- 치료할 때는 여러 분야의 전문가들과 협력해요 … 27
- 전문성을 높이기 위해 노력해요 … 28
- 대학병원 치과의사의 하루 … 29

CHAPTER 04 치과의사가 되려면

- 생물학과 화학, 물리학에 관심을 가져요 … 35
- 손재주와 꼼꼼함, 집중력이 있어야 해요 … 36
- 치과대학에 진학해요 … 38
- 전문의가 되려면 수련 기간이 필요해요 … 39

CHAPTER 05 치과의사의 매력

- 자신 있게 활짝 웃는 환자를 보면 보람을 느껴요 … 43
- 감사 인사를 받을 때의 뿌듯함 … 44
- 환자들의 신뢰는 치과의사의 기쁨이에요 … 46

CHAPTER 06 치과의사의 마음가짐

- 환자의 통증과 불편함에 공감하려고 해요 … 51
- 일하는 환경을 긍정적으로 만들려고 노력해요 … 52
- 조용히 기다려야 할 때도 있어요 … 53

치과의사의 미래

- ☺ 치아 조직을 재생하는 연구가 활발해요 … 59
- ☺ 증강현실을 활용해 효과적인 훈련을 할 수 있어요 … 60
- ☺ AI와 디지털 기술의 발전으로 치료의 정확성을 높여요 … 62
- ☺ 원격치과 진료로 치과 서비스가 개선될 거예요 … 64

치과의사 김경아를 소개합니다

- ☺ 부모님의 격려와 응원을 받으며 자랐어요 … 69
- ☺ 목표를 정하고 꾸준히 노력하는 학생이었어요 … 70
- ☺ 성적 향상의 비결은 어려운 과목부터 공부하기 … 72
- ☺ 고등학교 때 제 영웅은 박찬호! … 73
- ☺ 생물학이 흥미로워 생물학과에 진학했어요 … 74
- ☺ 치과의사가 되기 위해 치의학전문대학원에 진학했어요 … 75
- ☺ 즐겁게 배우고 다채로운 경험을 한 대학원 시절 … 77
- ☺ 교정과 전문의가 되기를 꿈꾸었어요 … 78
- ☺ 인생의 멘토를 두 분 만났어요 … 80

10문 10답

- ☺ 어떤 경우에 어린이도 교정치료가 필요한가요? … 85
- ☺ 왜 어릴 때 적극적으로 치료해야 하나요? … 87
- ☺ 치료보다 예방이 더 중요한 이유가 있나요? … 89
- ☺ 우리나라 치의학 수준은 어느 정도인가요? … 90
- ☺ 직업적인 습관이 있나요? … 92
- ☺ 스트레스는 어떻게 해소하세요? … 93
- ☺ 연봉은 어느 정도인가요? … 94
- ☺ 정년퇴직이 있나요? … 95
- ☺ 대학병원과 개인병원의 진료는 어떤 차이가 있나요? … 96
- ☺ 생명을 위협하는 질환도 있나요? … 98

치과의사 업무 엿보기

- ☺ 치과의사 업무 엿보기 … 102

치과 용어 알아보기

- ☺ 치과 용어 알아보기 … 114

나도 치과의사

- ☺ 나도 치과의사 … 122

치과의사 김경아의 프러포즈

안녕하세요, 어린이 여러분. 저는 경희대학교 치과병원 교정과에서 진료하는 김경아입니다. 많은 사람이 교정 치료를 단순히 삐뚤어진 치아를 바르게 만드는 치료라고 생각하지만, 저는 교정 의사가 환자들의 아름다운 미소를 디자인하는 '스마일 디자이너'라고 생각해요.

"교수님, 치아가 정말 가지런해졌어요!"
"교수님, 숨어있던 송곳니가 이제 보여요!"
"선생님, 이제 위아래 치아가 잘 맞물려서 예전보다 훨씬 잘 씹혀요!"
"선생님, 친구들이 많이 예뻐졌대요. 원래 입이 조금 나왔었는데 이제는 많이 들어가서 다들 코 수술했냐고 물어봐요."

아침마다 가득 찬 예약 장부를 보면 힘에 부칠 때도 있지만, 환자들의 이 한마디 한마디에 다시금 힘을 얻어 진료를 시작합니다. 치과의사는 단순히 치아만 치료하는 것이 아니라, 환자의 건강하고 행복한 삶에 이바지하는 직업이에요. 전문성을 인정받고 경제적인 보상도 따르는 일입니다. 환자를 치료하는 보람의 뒷면에는 환자의 상태가 좋아질 때까지 기분 좋은 말을 듣기 어렵다는 단점도 있어요. 이렇게 힘들다가도 환자의 미소를 보는 순간 큰 보람을 느끼기도 한답니다.

어떤 꿈이든 자신의 의지에 따라 얼마든지 삶을 바꿀 수 있다는 것을 믿고, 진정한 자존감을 느끼며 자신의 삶을 끌어 나가는 힘을 키워나가길 바랍니다. 더 멋지고 괜찮은 사람이 되기 위해 노력하는 여러분을 항상 응원합니다.

- 치과의사 김경아

2장에서는?

치의학은 인체를 다루는 의학 중 하나예요. 치의학은 무엇이고, 왜 의학과 분리되었는지, 어떤 역사를 통해 발전해 왔는지, 어떤 전문 분야가 있는지 알아보아요.

치의학은 무엇인가요?

치의학은 이와 잇몸, 입안의 여러 조직을 연구하고 치료하는 의학의 한 분야예요. 우리가 음식을 씹고, 말하고, 웃을 수 있게 도와주는 이와 입은 아주 중요한 역할을 해요. 하지만 이를 잘못 관리하면 충치나 잇몸병 같은 문제가 생기고, 얼굴 모양이 변하거나 건강에도 나쁜 영향을 줄 수 있어요.

그래서 치의학에서는 이의 구조, 입안에 있는 근육과 신경, 세균이 생기는 원인과 치료 방법 등을 공부해요. 단순히 충치를 고치는 것뿐 아니라, 이를 똑바로 자라게 도와주는 치아 교정, 이가 빠졌을 때 다시 심는 임플란트, 얼굴 뼈와 턱을 바로잡는 턱교정 수술까지 다양한 치료를 포함하고 있어요.

치의학은 단순히 이를 치료하는 걸 넘어서, 사람의 신체 건강과 자신감, 삶의 질을 높이는 데 중요한 역할을 하는 학문이에요.

치의학의 기원과 발전의 역사가 궁금해요

지금으로부터 약 7000년 전에 충치를 치료했다는 수메르 문명의 기록이 있어요. 당시에는 치아가 썩는 원인을 '충치 벌레' 때문이라고 설명했죠. 기원전 2600년경, 이집트 서기관 헤시-레$^{Hesy-Ra}$는 세계 최초의 치과의사로 불리며, 그의 무덤 비문에는 '치아를 다루는 사람 중 가장 위대하고 의사 중 가장 위대한 사람'이라고 쓰여있어요.

고대 그리스와 로마 시대에는 좀 더 체계적인 치아 치료법이 발전했어요. 철로 만든 기구를 사용해 이를 뽑기도 했고, 입냄새나 치통을 치료하는 약도 사용했어요.

과학적인 현대 치의학의 기반은 18세기에 프랑스의 외과의사 피에르 포샤르$^{Pierre\ Fauchard}$에 의해 다져졌어요. 그는 1723년 『Le Chirurgien Dentiste 치과외과의』라는 책을 통해 입 안에 있는 여러 구조(구강 해부학)와 그 구조들이 무슨 역할을 하는지(기능)를 과학적으로 설명하며, 수술 방법과 틀니 제작 방법도 자세히 다루었어요.

　20세기 이후 치의학은 크게 발전했어요. 국소 마취제가 등장하면서 통증 없는 치료가 가능해졌어요. 이를 뽑거나 치료할 때 심한 고통 때문에 치과 치료가 두려웠던 사람들이 치과를 찾게 되었죠. 또 하나 중요한 발전은 불소를 활용한 충치 예방법이에요. 미국을 비롯한 여러 나라에서 수돗물에 불소를 넣어 충치를 예방했죠. 엑스레이$^{X\text{-ray}}$의 사용도 중요한 발전 요소예요. 엑스레이를 통해 치아 내부, 뿌리, 턱뼈 상태까지 확인할 수 있어 과학적인 진단이 가능해졌어요. 또한, 임플란트가 등장해 빠진 치아를 자연치처럼 대체할 수 있게 되었고, 레진·세라믹 같은 치과 재료도 발전하여 심미성과 기능성이 향상되었습니다. 이 모든 변화는 현대 치의학의 토대가 되었어요.

현대 치의학의 아버지 피에르 포샤르

출처:『치과의사』, 강명신 김백일 김혜영 김희진 박용덕 박호원 이주연 조영수 옮김, 지식을만드는지식 刊, 사륙판

우리나라에서 이 직업은 언제 생겼나요?

우리나라에서 치과의사라는 직업은 근대 의학이 도입된 19세기 말부터 20세기 초에 생겼어요. 개항 이후 일본인들이 치과술을 전파하면서 틀니 영업자들이 등장했죠. 당시에는 치과라는 이름 대신 '이해박는집', '잇방', '치방', '치술원' 등 다양한 이름으로 불렸어요.

일제 강점기인 1914년 치과의사 면허제도가 시행되었고, 1922년에 경성 치과의학전문학교가 세워져 1925년부터 졸업생이 나왔어요. 이 학교가 현재 서울대학교 치과대학의 전신이죠. 1929년에 4년제로 운영되었던 학제는 1959년부터 6년제로 확대되었어요.

의학과 치의학은 왜 분리되었나요?

치아, 잇몸, 턱뼈, 턱관절, 얼굴 등 구강은 해부학적으로 매우 독특하고 복잡한 구조예요. 구강을 제외한 다른 신체 기관은 사람이 태어날 때 이미 있고, 성장하면서 크기가 커지고 기능이 세분되는 거예요. 그런데 치아는 태어날 때 없다가 유치(젖니)가 나고, 유치가 다 빠지면서 영구치로 바뀌어요. 또 치아는 인체에서 유일하게 법랑질 같은 특수 조직으로 덮여 있는 등 다른 기관에서는 볼 수 없는 독특함이 있어요.

손상된 치아는 자연 치유가 어렵다는 특징도 있어요. 충치 치료, 신경 치료, 교정, 임플란트 등은 보통 외과에서 하는 처치와 전혀 달라요. 치료에 사용하는 재료가 따로 있고, 치과에서만 사용하는 치료 도구와 기법도 있어요. 그래서 자연스럽게 의학에서 갈라져 나왔고, 18세기 피에르 포샤르에 의해 근대 치의학의 틀이 마련되었던 거예요.

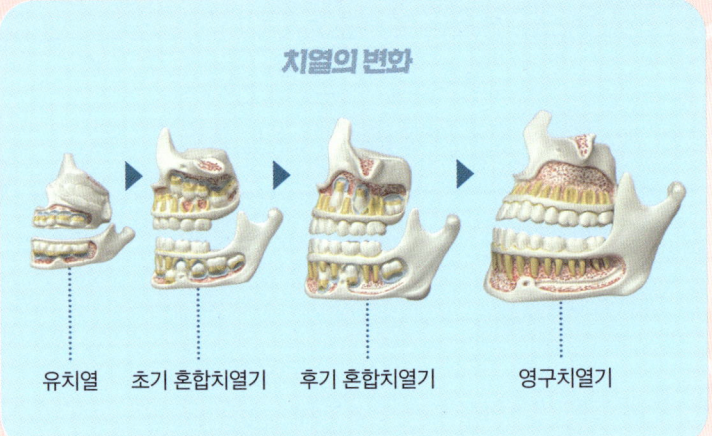

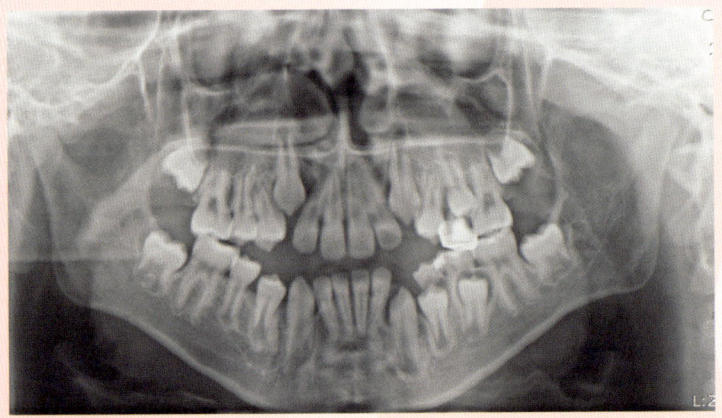

환자의 치열을 평가하기 위한 파노라마

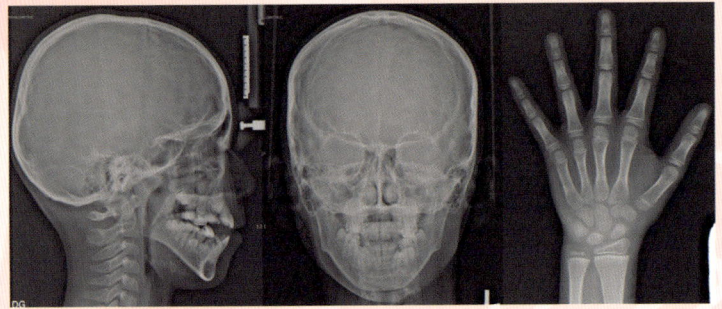

환자의 골격을 진단하기 위한 X-ray

치의학은 어떤 분야가 있나요?

치의학은 단순히 충치나 이를 뽑는 것만 다루는 게 아니라, 입안 전체의 건강을 지키기 위해 여러 분야로 나뉘어 있어요. 어려운 내용은 빼고 쉽게 설명해 볼게요. 삐뚤빼뚤한 이를 가지런히 만들어주는 치과교정과가 있고, 충치가 생기면 썩은 부분을 제거하고 이를 메워주는 보존과, 빠진 이를 다시 만들어주는 치과보철과가 있어요. 또, 어린이들의 유치와 영구치를 관리하는 소아치과도 있고, 사랑니를 빼거나 턱이 부러졌을 때 수술하는 구강악안면외과도 있지요. 잇몸이 붓거나 피가 나는 걸 치료하는 치주과, 입안은 멀쩡한데 턱이 아프거나 통증이 있을 때 그 원인을 찾는 구강내과도 있어요. 입안에 생긴 혹이나 종양이 어떤 병인지 연구하는 구강병리과, 다양한 의료 영상을 통해 치아, 구강, 턱, 얼굴 및 목 부위 질환을 진단하는 영상치의학과, 그리고 칫솔질 교육이나 불소도포처럼 병을 예방하는 데 힘쓰는 예방치과도 있죠. 이렇게 치의학은 다양한 분야에서 구강 건강을 지키고 있습니다.

CHAPTER. 03
치과의사의 세계

3장에서는?

아프지 않아도 정기적으로 찾아가 검진을 받아야 하는 병원은 어디일까요? 바로 치과인데요, 많은 어린이가 무서워하는 곳이기도 해요. 하지만 충치를 예방하고 치아 건강을 지키기 위해 꼭 필요한 일이에요. 여기서는 치과의사 선생님들이 하는 일은 무엇이고, 환자를 잘 치료하기 위해 어떤 노력을 기울이는지 알아보아요.

치과 질환을 진단하고 치료하는 전문가

치과의사는 환자의 구강 건강을 종합적으로 평가하고, 다양한 치과 질환을 진단하여 맞춤형 치료를 제공하는 전문가입니다. 충치가 생기면 썩은 부분을 제거하고 이를 메워주고, 잇몸이 아프거나 피가 날 때는 그 원인을 찾아 치료해요.

이를 뽑아야 할 때는 안전하게 뽑아주고, 빠진 이를 대신할 틀니나 임플란트를 심어주기도 하죠. 또, 이가 삐뚤게 나면 교정이 필요한지 진단하고 치료 계획도 세워요. 성장기 어린이의 경우 턱뼈 성장을 조절하기도 하죠.

아이들의 유치가 잘 자라고 있는지도 살펴보고, 성인의 경우에는 정기 검진을 통해 병을 미리 발견하는 일도 합니다. 턱이 아프거나 얼굴 뼈에 문제가 있으면 수술도 하죠. 이렇게 치과의사는 아픈 이를 고치는 것뿐 아니라, 사람들이 오래도록 건강한 치아로 잘 먹고 잘 웃을 수 있도록 돕는 일을 합니다.

 치과의사는 환자에게 치료 계획을 설명하고 환자의 질문에 친절하게 답변해 환자가 안심하고 치료받을 수 있도록 소통해야 해요. 환자가 구강 건강을 유지하도록 관리하는 방법을 교육하는 것도 치과의사의 일입니다.

치료할 때는 여러 분야의 전문가들과 협력해요

한 명의 환자를 치료할 때 치과의사는 여러 분야의 전문가들과 협력해요. 먼저 가장 가까이에는 치과의사를 돕는 치과위생사가 있어요. 이 사람들은 환자에게 질환 예방법을 알려주고, 건강의 증진과 회복을 돕고, 치석 제거와 불소를 입히는 일 등을 해요. 치과 방사선사는 치아 안쪽을 잘 보기 위해 엑스레이 사진을 찍어 질환의 진단에 도움을 주지요. 치과의사의 처방에 따라 틀니, 교정 장치, 치아 모형 등을 만들고 수리하는 치과기공사도 있어요.

환자의 치료를 직접 돕는 직업은 아니지만 새로운 치료법이나 치과 재료를 개발해 치의학의 발전에 이바지하는 기초치의학 연구자와 교육자도 있어요. 이렇게 다양한 분야의 전문가들이 협력해 환자를 치료합니다.

전문성을 높이기 위해 노력해요

대학병원은 환자들에게 전문적인 치료를 제공하기 위해 끊임없이 노력하고 있어요. 매일 아침 각 세부 학문 분야별로 교수님들이 주최하는 콘퍼런스를 통해 최신 지견을 공유하고 학술적인 성장을 도모하고 있습니다. 또한, 여러 진료과의 협진이 필요한 경우에는 환자를 중심으로 다학제 협진팀을 구성해 다양한 관점에서 진단하고 치료 계획을 세워요. 이는 의학 드라마에서 자주 볼 수 있는 장면과 같이, 실제 임상 현장에서도 활발하게 이루어지고 있는 진료 방식이에요.

요즘 치과 재료와 장비는 눈부시게 발전하고 있으며, 특히 우리나라가 이러한 발전을 이끌고 있어요. 저는 새로운 치료 재료를 활용한 최신 치료법을 꾸준히 연구하고 있고, 관련 학술대회에 참석해 연구 결과를 발표하고 동료들과 지식을 공유하며 전문성을 향상하고 있습니다.

대학병원 치과의사의 하루

보통 치과의사는 출근 후 예약된 환자들의 의료 기록을 검토하고 필요한 치료 도구와 재료를 준비하며 진료를 시작합니다. 환자와 상담하고, 구강 검진을 통해 진단하며, 적절한 치료 계획을 세우고 시행해요.

진료 후에는 당일 진료 기록을 정리하고, 다음 진료에 필요한 준비를 미리 합니다. 예를 들어, 기공물 의뢰를 하거나 다음 환자의 엑스레이를 판독하여 치료 계획을 세우는 거예요. 저는 치과병원에서 근무하면서 치과대학 학생, 인턴, 레지던트를 교육하는 일도 함께 하고 있어요.

또 우리 병원은 수요일 야간진료를 하는데, 제가 야간 당번일 경우 진료가 오후 8시에 끝나요. 진료 후에는 퇴근하지만, 가끔 치과 분과학회 회의에 참석하거나, 다른 대학에서 강의를 하고, 병원 동료들과 모임을 할 때도 있어요.

06:00	기상 후 출근 준비
07:00	병원 출근
07:30	콘퍼런스 참석

09:00	오전 진료 시작
12:00	점심시간 및 병원 회의 참석
13:30	치과대학 학부 수업
15:30	오후 진료
17:00	내원 환자 진료 기록 재확인 및 기공물 의뢰
18:00	레지던트 전공의 교육, 다음 날 환자 진료 기록 확인 및 진료 준비
19:00	병원 퇴근

CHAPTER. 04

치과의사가 되려면

4장에서는?

치과의사가 되려면 어떻게 해야 할까요? 먼저 학교 공부를 열심히 해야겠지요? 여러 교과목 중에서 특히 열심히 해야 할 과목은 무엇인지, 어떤 소양이 필요한지, 선배 치과의사의 이야기를 들어보아요.

생물학과 화학, 물리학에 관심을 가져요

치과대학에서는 인체의 구조, 치아의 생리, 약물 작용, 세균 등을 배워요. 이런 내용은 생물과 화학을 바탕으로 하고 있어서, 이 과목을 잘 이해하면 대학 공부도 훨씬 수월해요. 충치가 생기는 과정이나 잇몸병의 원인 등을 알려면 생물학을, 치료에 쓰이는 약물이나 치과 재료가 몸에 어떤 작용을 하는지 알려면 화학을 공부해야 합니다.

또한, 치과 재료의 물성을 이해하려면 물리학의 기초가 탄탄해야 하고, 수학과 컴퓨터 관련 지식도 필요해요. 영어로 쓰인 대학 교재와 논문이 많아서 영어 능력도 필수입니다. 초등학교 시절에 수학과 과학 과목에 흥미를 느끼면 큰 도움이 될 거예요.

손재주와 꼼꼼함, 집중력이 있어야 해요

　치과의사는 구강 내를 세밀하게 살펴 치료해야 하므로 뛰어난 손재주와 꼼꼼함이 필요해요. 치과 치료는 아주 작은 공간에서 이루어지며, 충치를 제거하거나 보철물을 다룰 때는 밀리미터 단위의 정밀한 손놀림이 필요해요. 또한 차분하고 집중력이 뛰어나야 해요. 환자의 입안은 예민한 공간이기 때문에 치료 중에 실수하지 않도록 오랫동안 집중력을 유지해야 하며, 침착하게 상황을 판단할 수 있어야 합니다.

　환자와의 소통을 잘할 수 있어야 해요. 치과 진료를 받을 때 많은 환자가 긴장하거나 불안을 느끼는데, 이때 환자에게 공감하고 친절하게 설명하면 환자의 불안감이 줄어들 수 있어요. 마지막으로, 치과 치료는 작은 실수도 큰 영향을 줄 수 있기 때문에 정확함과 책임감, 그리고 사회에 기여하려는 마음가짐을 갖춘 사람에게 적합한 직업입니다.

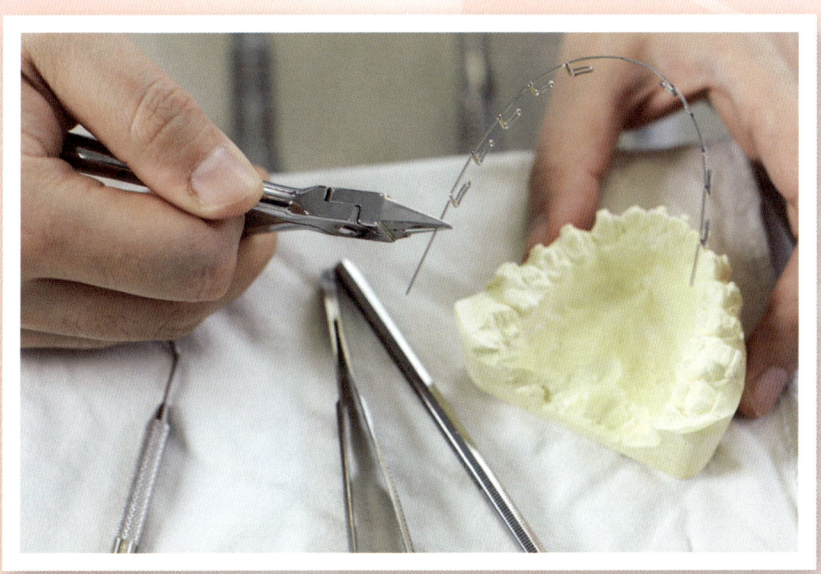

환자에게 적용할 아치 와이어 제작

치과대학에 진학해요

치과의사가 되려면 치과대학에 진학하거나 일반대학을 졸업하고 치의학전문대학원에 진학하는 방법이 있어요. 우리나라에 치과대학은 11개가 있는데 이 중에 경희대학교, 연세대학교, 경북대학교, 전북대학교, 원광대학교, 조선대학교, 단국대학교, 강릉원주대학교는 치의예과 2년, 치의학과 4년에 6년제 과정을 운영하고 있어요.

서울대학교, 전남대학교, 부산대학교는 학교마다 인원수의 차이는 있지만, 고등학교를 졸업한 뒤 입학할 수 있는 학·석사통합과정 (학사과정 3년, 석사과정 4년, 7년)과 4년제 일반대학을 졸업한 후 진학할 수 있는 치의학전문대학원(석사과정 4년)을 동시에 운영해요.

치과대학 또는 치의학전문대학원의 정규 교육과정을 모두 마치면 치과의사 국가고시에 응시할 수 있어요. 보건복지부 장관이 인정한 외국대학 졸업자는 예비시험에 합격한 후 국가고시를 치를 수 있어요.

전문의가 되려면 수련 기간이 필요해요

　고등학교를 졸업하고 치과대학에 입학해 6~7년, 일반대학을 졸업하고 치의학전문대학원에 들어가 대학원 4년 과정을 마치려면 8년 이상의 시간이 흘러요. 국가고시에 합격한 후 전문의가 되려면 또 인턴 1년, 레지던트 3년의 세월이 걸려요. 최소 10년 이상의 교육과정을 거쳐야 전문의가 될 수 있어요.

　전문의가 되면 대학병원에서 임상 교수로 근무하며 환자를 진료하고 학생들을 가르치는 일을 해요. 전문의 자격증을 취득하고 치과병원을 개원할 수도 있어요. 이렇게 치과 전문의는 10년 이상 치의학을 깊이 연구한 전문가가 되는 거예요.

5장에서는?

아픈 환자를 매일 보며 치료하는 일은 쉽지 않아요. 특히 치과는 예방과 치료, 그리고 얼굴의 아름다움과 조화까지 생각해 종합적으로 판단해야 해요. 어려운 일이지만 긴 치료 기간이 지나고 나서 찾아오는 기쁨과 보람이 있다고 해요. 그 이야기를 지금 시작합니다.

자신 있게 활짝 웃는 환자를 보면 보람을 느껴요

보통 치과 치료는 씹는 기능을 회복하는 데 중심을 두지만, 미적인 아름다움 또한 매우 중요한 치료 분야입니다. 신체의 다른 부위를 수술할 때는 기능 회복이 먼저예요. 그런데 치아는 얼굴의 중심에 있어서 기능 회복만큼 미적인 만족도를 높이는 데도 초점을 맞추어야 해요. 그래서 치의학은 과학적인 지식과 예술적인 감각이 조화를 이루는 학문이에요.

진료도 하고, 진료 외에 기공 작업, 교육 등 해야 할 일이 많아 피곤한 날도 있고, 치과 재료와 장비가 빠르게 발전하면서 끊임없이 공부해야 한다는 점도 부담으로 다가올 때도 있어요. 하지만 환자들이 만족해하고 감사를 표현할 때, 그리고 제가 성장하는 모습을 볼 때 큰 보람을 느끼며 다시 한번 힘을 내곤 합니다.

감사 인사를 받을 때의 뿌듯함

　쇄골두개이형성증이라는 유전성 희귀 질환이 있는 20대 여성 환자가 있었어요. 이 환자는 유치가 빠지지 않았고 영구치가 뼛속에 숨어있었는데, 이의 개수도 보통 사람보다 많았어요. 개인병원에서는 유치를 전부 뽑고 틀니를 해야 한다고 했대요. 잇몸에 영구치가 숨어있으니 임플란트를 하는 것도 어려웠던 거예요. 알고 보니 환자의 어머니 또한 같은 질환으로 모든 치아를 빼고 틀니를 사용하고 있었어요. 하지만 저는 젊은 나이에 틀니를 사용하는 것이 최선의 방법은 아니라고 판단해 구강악안면외과 교수님과 협진하여 숨어있는 영구치 중에서 가능한 한 많은 치아를 끄집어내는 치료를 진행했어요. 다행히 하나의 치아를 빼고 나머지 영구치가 잘 나와서 하나만 임플란트를 심고 교정을 통해 치열을 바로잡을 수 있었어요. 본인의 치아로 씹을 수 있게 된 거죠. 치료를 마무리하던 날 거울을 보면서 감사 인사를 하던 그 환자의 모습이 아직도 생생해요.

　윗니가 아랫니를 덮지 않고 반대로 된 초등학생이 있었어요. 부모님은 성장하면서 저절로 좋아질 줄 알고 치료를 받지 않고 있었어요. 그런데 성장기에 교정 치료를 하지 않으면 아래턱이 앞으로 튀어나오게 돼요. 그런 내용을 설명하고 치료했더니 치료가 끝난 날 아이가 저에게 주는 선물이라며 BTS의 'dynamite' 춤을 추더라고요. 아직도 그 노래를 들을 때마다 저를 위한 그 아이의 공연이 생각나 웃음이 저절로 나네요.

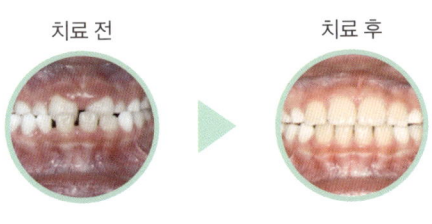

반대 교합의 치료 전후

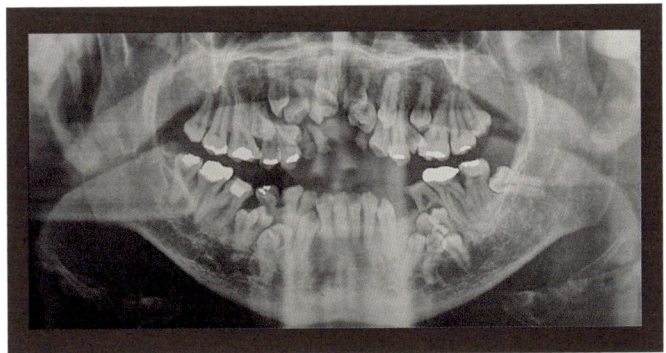

쇄골두개이형성증 환자의 파노라마

환자들의 신뢰는 치과의사의 기쁨이에요

 한번은 진료 중이던 환자의 부모님이 아이가 학교에서 '교정과 치과의사'가 되고 싶다고 발표했다는 이야기를 들었어요. 정말 감동이었죠. 교정 치료는 장기간에 걸쳐 진행되는 만큼, 환자들과 신뢰 관계를 형성하기 위해 큰 노력을 기울여야 해요. 이런 제 모습을 보고 교정과 의사를 꿈꾸게 되었다고 했을 때 그동안 진료실에서 겪었던 어려움들이 모두 보상받는 기분이었어요.

 아이가 진료받는 모습을 보고 부모님도 "늦었지만, 저도 교정 치료 받고 싶어요."라고 할 때 부모님에게 신뢰받고 있다는 생각에 뿌듯했어요. 또, 대학생이었던 환자가 결혼해서 아이와 함께 다시 병원을 찾아왔을 때는 기분이 묘하기도 하고 같이 나이 들어간다는 생각에 신기하기도 했죠. 저에게 진료받은 환자들이 건강한 웃음을 보이며 다시 찾아올 때, 그리고 본인의 아이를 저에게 맡길 때 교정과 의사로서 가장 큰 보람이고 기쁨이 아닐까, 생각해요.

교정 진료받은 환자의 꿈, 교정 의사

6장에서는?

치과병원은 다른 과와 달리 소리와 자세에서 불편함을 호소하는 환자들이 많아요. 그래서 치료 과정에 대해 환자가 이해하고 받아들여야 순조로운 치료가 진행된다고 해요. 특히 나이가 어린 환자들을 대하는 게 어렵다고 하는데, 김경아 선생님의 노하우를 조금 배워 보아요.

환자의 통증과 불편함에 공감하려고 해요

　제 진료과목인 교정과의 경우 통증으로 인해 내원하는 환자보다 치아를 가지런히 배열하기 위해, 잘 씹기 위해, 예뻐지기 위해 내원하는 환자가 더 많아요. 그래서 다른 진료과에 비해 환자를 대할 때 아주 힘들지는 않아요.

　하지만 교정 치료 중에 예상하지 못한 통증이나 불편함을 호소하는 환자도 있어요. 교합이 불안정해서 생기는 통증, 교정 장치로 인한 구내염, 장치 탈락으로 인한 불편감 등이죠. 특히 아이들은 치과 진료에 대한 두려움이 커서 협조를 잘 하지 않는 경우도 있어요.

　이런 어려움을 겪는 환자를 만날 때는 우선 환자의 통증과 불편함을 공감하고, 그 원인을 찾아 해결하기 위해 노력해요. 치료할 수 있는 것과 없는 것을 명확하게 설명하고, 치료 과정에 믿음을 쌓아 환자가 치료에 적극적으로 참여할 수 있도록 도와야 해요.

일하는 환경을 긍정적으로 만들려고 노력해요

    2024년 파리올림픽에서 사격 국가대표 김예지 선수가 주 종목인 25m 권총 급사 경기에서 0점을 기록했어요. 경기 직후 "0점을 쐈다고 해서 세상이 무너지는 것은 아니에요."라는 인터뷰로 화제를 모았죠. 일부 누리꾼들은 올림픽을 가볍게 생각한 것 아니냐며 비난했지만, 김예지 선수는 "절대 올림픽을 가볍게 생각하지 않았고, 말의 힘을 믿기 때문에 부정적인 말을 하지 않고 자신을 달래려고 한 말이었다."라고 대답했어요.

    저 또한 긍정적인 마음가짐의 중요성을 믿으며, 자존감을 높이고 긍정적인 에너지를 유지하려고 노력해요. 바쁜 병원 생활 속에서 레지던트, 위생사 선생님들과 함께 일하며 불평불만이 나오기 쉬운 환경이지만, 저도 모르게 화를 내지는 않는지 돌아보고, 긍정적인 행동으로 팀원들과 웃음이 가득한 분위기를 만들고자 노력하죠.

조용히 기다려야 할 때도 있어요

교정 진료는 오랜 시간에 걸쳐 이루어지는 만큼, 환자와의 라포 형성이 치료 과정에서 매우 중요하다고 생각해요. 라포는 서로 간의 신뢰를 바탕으로, 심리적으로 연결된 상태를 뜻하는데요. 환자와 치료자가 마음을 편하게 열고 소통할 수 있도록 돕습니다. 저는 환자들과 대화를 통해 치료 목표를 충분히 설명하려고 노력해요. 또한, 오늘 진료한 부분과 다음 진료 계획을 자세히 알리고 환자들이 치료에 적극적으로 참여할 수 있도록 돕죠.

제 환자들은 대부분 청소년기 학생으로 감정 기복이 심해 예상치 못한 행동을 보이는 경우가 많아요. 대기실에서 눈물을 흘리거나, 진료 의자에 앉자마자 이어폰을 꽂는 아이도 있고, 교정 장치를 잘 착용하지 않았거나 양치질이 잘 되어 있지 않아 잔소리하면 갑자기 진료실을 뛰어나가 버리는 등의 행동을 하는 아이들도 있어요. 그러면 저도 어떻게 해야 할지 몰라 당황스럽죠. 하지만 이런 태도에 화가 나더라도 감정적으로 대하지 않고 침착하면서 냉정함을 유지하려고 해요. 직접 맞대응하기보다 조용히 환자들의 감정이 안정될 때까지 기다려요. 제가 진료에 대해 아무리 논리적으로 설명하려 해도 받아들이지 못할 때는 속상한 마음을 읽고 공감해 주려고 하고요. 청소년 환자와 라포가 형성되어 있으면 이 과정이 비교적 수월하게 넘어가기도 합니다.

진료실

7장에서는?

치과는 과학과 기술의 발전이 빠르게 적용되는 곳이에요. 디지털 기술의 발전은 질환을 진단하고 치료 계획을 세우는 것은 물론, 미래의 치과의사로 성장하도록 훈련하는 학습하는 데까지 사용되고 있어요. 또한 치과 재료와 치료 방법 연구도 활발하게 이루어지고 있어요. 여러 가지로 변화할 치과의 미래를 알아보아요.

치아 조직을 재생하는 연구가 활발해요

　재생 치과는 손상된 치아나 잇몸, 치조골(치아를 지탱하는 뼈) 같은 구강 조직을 재생시켜, 자연 치아와 비슷한 기능과 구조를 회복하는 것을 목표로 하는 치의학의 한 분야예요. 기존의 치과 치료가 충치나 치주질환 등으로 손상된 부위를 제거하거나 인공 재료로 대체하는 방식이었다면, 재생 치과는 생체재료나 줄기세포, 조직공학 기술을 활용해 손상된 조직이 스스로 회복할 수 있도록 도와요. 예를 들어, 잇몸병으로 뼈가 녹은 부위에는 조직 재생 유도막(GTR)을 넣어 뼈가 자라도록 돕고, 치아 내부 신경이 손상되면 줄기세포를 이용해 치주조직을 되살리는 시도도 이뤄지고 있어요. 또한 임플란트를 위한 뼈이식에도 재생 기술이 쓰이며, 최근에는 성장인자나 3D 프린팅을 활용한 맞춤형 치료법도 연구하고 있어요. 이러한 기술은 자연 치아를 최대한 보존하면서 기능을 회복할 수 있다는 점에서, 미래 치의학의 중요한 방향으로 주목받고 있습니다.

증강현실을 활용해
효과적인 훈련을 할 수 있어요

　증강현실AR, Augmented Reality은 현실 세계에 디지털 정보를 겹쳐 보여주는 기술로, 치의학 교육에서도 점점 널리 활용되고 있어요. 기존의 치의학 학습은 주로 해부학 교재나 2D 영상, 모형을 통해 이뤄졌지만, 증강현실을 활용하면 실제 구강 구조를 눈앞에 3D로 띄워 생생하게 관찰하고 조작할 수 있죠. 예를 들어, 스마트 글래스나 태블릿을 통해 치아의 해부 구조를 확대해 보거나, 턱뼈의 절개 위치를 가상으로 확인해 수술 절차를 시뮬레이션할 수 있습니다. 학생들은 실습용 마네킹이나 화면 속 이미지를 넘어서, 실제 임상 상황과 유사한 환경에서 학습하며 공간 감각과 판단력을 키울 수 있어요. 또한 AR 기반 콘텐츠는 반복 학습이 가능하고, 위험 없이 다양한 임상 상황을 경험할 수 있어 학습 효과를 높여줍니다. 이러한 기술은 특히 치과 수술, 보철물 디자인, 교정 시뮬레이션 등 복잡한 과정을 시각적으로 이해하는 데 큰 도움을 주며, 앞으로 치의학 교육에서 중요한 도구로 자리 잡을 것으로 기대됩니다.

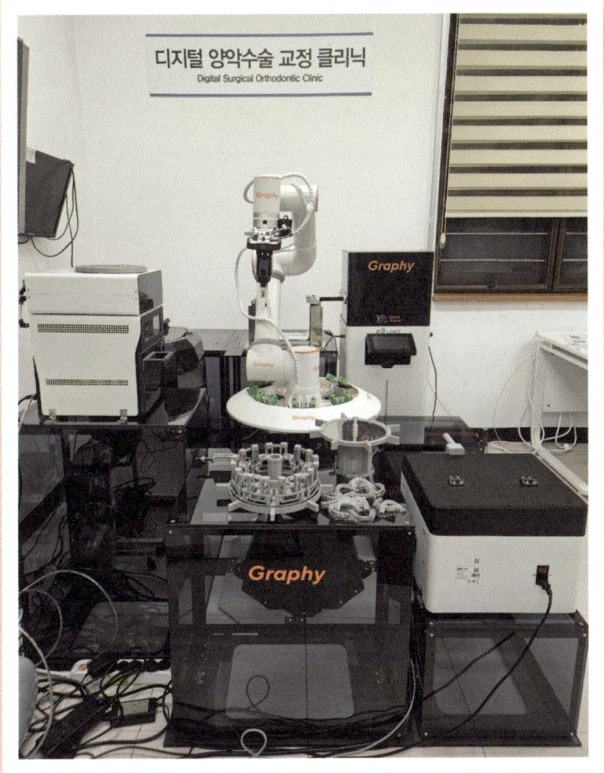

CAD/CAM 시스템과
3D 프린팅 기술을
이용하고 있는 치과 진료실

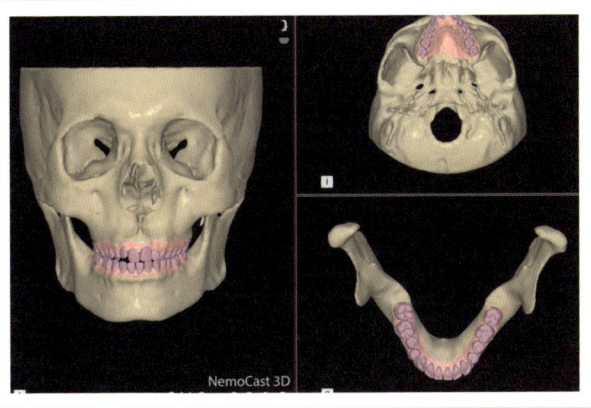

인공지능을 이용한
부정교합의 진단과
치료 계획 수립

AI와 디지털 기술의 발전으로 치료의 정확성을 높여요

요즘 치과에서는 컴퓨터와 기계를 이용한 디지털 기술이 많이 쓰이고 있어요. 이 덕분에 치과 치료가 더 빠르고 정확해지고 있답니다.

먼저, 디지털 work flow 과정을 거치는데, 가장 먼저 환자의 입안을 디지털 스캐너로 촬영하고, AI로 학습된 디지털 프로그램을 이용해서 환자 맞춤의 최적 치료 계획을 세우는 과정을 진행하게 되요. 보철물(크라운, 틀니)이나 교정장치 등을 만들기까지 모든 과정을 프로그램으로 연결해서 전 과정이 디지털로 시행되는 방법이에요. 이렇게 하면 진료 속도가 빨라지고, 사람마다 다른 입 모양에 맞춘 맞춤 치료를 할 수 있어요.

즉 CAD/CAM 시스템을 이용해서 컴퓨터로 보철물을 설계하고, 기계로 정밀하게 깎아 만드는 기술이에요. 예전 수작업으로 진행되었던 과정보다 훨씬 빠르고 정확하게 보철물을 만들 수 있어서, 치과에서 바로 치료할 수도 있어요.

이렇게 보철물이나 교정장치를 만드는 데 있어서 3D 프린팅 기술도 함께 사용돼요. 이러한 3D 프린팅 기술을 이용하면 수술 정확도를 높이기 위해 임플란트 수술에 필요한 가이드를 만들거나, 환자의 입 모양에 딱 맞는 모형이나 보철물을 프린터처럼 직접 출력해서 사용할 수 있어요. 예전에는 보철물을 제작하려면 시간이 오래 걸렸는데 지금은 당일에도 바로 치료를 받을 수 있도록 기술이 빨라지고 있어요. 이러한 과정을 통해 치과의사들은 치료의 정확도를 높힐 수 있고, 환자들도 더 편하고 빠르게 치료를 받을 수 있어 환자들의 만족감이 훨씬 더 커지는 것 같아요. 앞으로 치과는 점점 더 똑똑한 기술을 사용하는 곳으로 변해갈 거예요.

원격치과 진료로 치과 서비스가 개선될 거예요

앞으로는 치과에 가지 않아도 집에서 진료를 받을 수 있는 시대가 올 거예요. 이를 원격치과 진료라고 해요. 요즘은 인터넷과 디지털 기술이 많이 발전하면서, 이런 진료도 점점 가능해지고 있답니다.

지금은 주로 치아가 아플 때 상담하거나, 치료 후 잘 나아가는지 확인할 때 원격진료를 사용해요. 그런데 앞으로는 스마트폰, 고화질 카메라, 입안을 찍는 스캐너 같은 장치를 이용하면, 집에서도 치아 상태를 자세히 보여줄 수 있게 될 거예요.

예를 들어, 집에서 입안 사진이나 3D 영상을 찍어 보내면, 치과 선생님이 보고 충치나 잇몸 질환이 생겼는지 바로 확인할 수 있어요. 인공지능이 사진을 분석해서 어디가 아픈지도 알려줄 수 있죠. 그리고 정말 급한 문제가 있으면 빠르게 병원으로 가야 하는지도 알려줄 수 있어요.

특히 치과가 멀리 있는 지역에 사는 사람이나, 몸이 불편해서 병원에 가기 힘든 사람에게는 정말 유용해요. 집에서도 정기 검진을 받고, 문제가 생기면 어떤 치료가 필요한지 미리 안내받을 수 있으니까요.

또한, 이렇게 모인 정보는 클라우드라는 컴퓨터 저장 공간에 모여서, 사람마다 구강 건강 상태에 딱 맞춘 관리도 할 수 있게 돼요. 앞으로 치과 진료는 그냥 아프면 가는 게 아니라, 아프기 전에 미리 예방하고 관리하는 똑똑한 방식으로 바뀔 거예요. 물론 아직 해결해야 할 문제도 있지만, 원격치과 진료는 미래에 정말 중요한 역할을 하게 될 거예요.

CHAPTER. 08

치과의사 김경아를 소개합니다

8장에서는?

어려서부터 목표를 정해 꾸준히 노력하는 학생이었던 김경아 선생님이 어떤 과정을 거쳐 대학병원의 교정과 교수가 되었는지 들어보는 시간이에요. 어떻게 공부하면 좋을지, 또 어려움에 부딪혔을 때 극복하는 방법은 무엇인지, 소중한 경험을 나누어 주신대요.

부모님의 격려와 응원을 받으며 자랐어요

평생 교직에 계시며 전인교육과 인성교육을 실천하셨던 아버지와 항상 아낌없는 사랑과 격려를 보내주셨던 어머니 덕분에 '성실과 정직'이라는 소중한 가치를 배우며 성장했어요. 부모님께서는 어떤 일이든 강요하지 않고 스스로 판단하고 행동할 수 있도록 격려해 주셨어요. 덕분에 어릴 때부터 자립심과 책임감을 길렀고, 어떤 상황에서도 당당하고 적극적인 성격으로 자랄 수 있었어요.

저는 아버지를 굉장히 존경해요. 아버지는 아홉 남매 중 여덟째로 시골 바닷가에서 태어나 스스로 인생을 개척하신 분이에요. 어떤 문제가 생기더라도 쉽게 답을 내리지 않고 다양한 해결책을 모색하셨으며, 한번 결정한 일은 끝까지 책임지는 모습을 보여주셨어요. 이런 부모님 덕분에 저는 다양한 사람들과의 관계 속에서 상대방을 배려하면서도 자신의 의견을 당당히 말할 수 있는 사람으로 성장했어요.

목표를 정하고 꾸준히 노력하는 학생이었어요

저는 스스로 판단하고 계획하며 행동하는 편이었어요. 미래를 설계하는 과정에서 부모님은 항상 제 결정을 지지해 주셨고, 특별히 이렇게 하라 저렇게 하라 간섭하신 적이 없어요. 두 분 다 교육계에 계셨지만, 공부를 강요하는 분위기보다는 스스로 학습하는 것을 장려하는 분위기였어요.

고등학교에 진학하고 나서 어떤 일을 하든 공부는 기본이라는 생각이 들어 공부에 집중했어요. 중학교 때보다 고등학교 때, 고등학교 1학년보다 2학년 때 성적 향상이 더 두드러졌어요. 성적이 오르면서 더 잘하고 싶다는 욕심이 생겼고, 목표를 설정하고 계획적으로 꾸준히 노력했어요.

하지만 공부만 한 것은 아니에요. 운동, 특히 구기 종목을 보는 것을 좋아했어요. 좋아하는 팀을 응원하며 학업 스트레스를 풀었죠. 시험이 끝나면 가까운 사직운동장에 가서 롯데 자이언츠팀을 목청껏 응원했던 기억이 아직도 생생해요. 덕분에 지금도 스트레스를 받으면 야구장을 찾거나 경기를 시청하며 스트레스를 풀곤 합니다. 왜 롯데 자이언츠팀을 응원하냐고 물으면 항상 'born to be Giants'라고 농담처럼 말해요. (웃음)

성적 향상의 비결은 어려운 과목부터 공부하기

어려서부터 책 읽기를 즐기지 않아서 그랬는지 국어 과목이 어려웠어요. 고등학교 때 오르지 않는 국어 성적으로 고민이 많았어요. 좋아하지 않는 과목이라 나중에 하려고 미루게 되고, 밤늦도록 공부하다 보면 집중력이 떨어져 더 하기 싫더라고요. 이 문제를 해결하려고 공부하는 순서를 바꿨어요. 하루에 공부할 시간은 정해져 있고, 시간이 지날수록 집중력은 떨어져요. 집중이 잘 되는 시간에 국어 공부를 먼저 하기 시작했죠.

저는 문제를 틀린 이유를 정확히 알기 위해 오답 노트를 만들어 공부했어요. 그런데 국어 오답 노트는 만들기가 쉽지 않았어요. 그래서 국어 문제를 반복해서 읽으며 복습했죠. 어려운 문제를 풀면서도 포기하지 않고 노력하면 무엇이든 해낼 수 있다는 자신감을 얻었고, 그렇게 극복할 수 있었어요.

고등학교 때 제 영웅은 박찬호!

요즘 친구들은 박찬호라는 이름을 들으면 말 많은 야구 해설위원이나, 기아 타이거즈의 박찬호 선수를 떠올릴지도 모르겠어요. 하지만 저에게 박찬호 선수는 단순히 야구선수를 넘어 한국 야구의 자부심이자 영웅이었죠. 1994년 메이저리그 LA다저스에 입단해 한국인 최초로 메이저리그 무대를 밟았고, 아시아 투수 최다승 기록을 세웠어요. 마치 요즘의 손흥민 선수처럼 시대를 대표하는 스포츠 스타였던 거죠.

저의 고등학교 시절은 IMF 외환위기로 많은 사람이 어려움을 겪던 시기였어요. 가정 형편이 어려워 대학 진학을 포기하는 친구들도 많았죠. 그런 힘든 시기에 박찬호 선수는 메이저리그에서 혼자 외롭게 싸우며 최고의 자리에 올랐어요. 물론 실패도 겪었지만, 그 어려움을 이겨내는 모습은 저에게 큰 감동이었어요. 슬럼프에 빠질 때마다 박 선수의 모습을 떠올리며 다시 힘을 낼 수 있었죠. 야구팬으로서 박찬호 선수는 영원히 저의 영웅입니다.

생물학이 흥미로워 생물학과에 진학했어요

저는 수학 선생님과 생물 선생님을 존경했고, 특히 생물 선생님은 수업 시간마다 교과서 내용뿐만 아니라 최신 과학 연구까지 알려주셔서 좋았어요. 특히 1990년대 후반부터 진행되었던 인간 게놈 프로젝트에 관한 이야기는 저에게 큰 충격이었어요. 인간의 모든 유전 정보를 해독하면 모든 질병을 정복하고, 유전자를 통해 질병을 예방하며, 심지어 SF 영화에 나오는 영원히 늙지 않는 삶을 살 수 있을 거로 생각했던 것 같아요.

그 당시 분자 생물학의 발달로 인간과 침팬지의 유전자가 1.6퍼센트밖에 차이 나지 않는다고 밝혀지면서 그 차이를 잘 분석한다면 '인간과 동물의 근본적인 차이를 알 수 있지 않을까?', '인간과 동물의 복제 시대가 열리지 않을까?'라는 상상까지 하며 생물학 공부를 열심히 했어요. 그래서 자연스럽게 대학은 생물학과로 진학했죠.

치과의사가 되기 위해 치의학전문대학원에 진학했어요

학부 시절에 다양한 생물학 실험 실습을 하면서 분자생물학에 연구에 매료되었어요. 분자 수준에서 생명 현상을 이해하게 되었고, 연구를 통해 얻은 지식을 인간의 건강 증진에 활용하고 싶다고 생각했어요. 그중에 관심이 가는 분야가 구강이었어요.

구강은 외부에 직접 노출되어 있어 다양한 질병에 취약해요. 구강 내 미생물의 불균형이 심혈관 질환, 당뇨병 등과 연관이 있다는 연구 결과를 보고 구강의 건강이 전신 건강과 밀접한 연관이 있다는 것을 알았어요. 그래서 구강 건강 관리를 통해 사람들의 삶의 질을 향상시키는 치과의사가 되고 싶다는 꿈을 가지게 되었어요.

그런데 치의학전문대학원 입시에 한 번 실패하고 꽤 큰 좌절을 겪었어요. 그동안 시험에서 좋은 결과를 얻었던 터라 주변 친구들이 모두 합격하는 모습을 보며 상실감이 컸어요. 마치 세상에 혼자 남겨진 듯한 외로

움과 함께 자존감이 떨어지고 걱정과 불안에 휩싸여 공부에 집중하기 어려웠어요.

며칠 동안 방황하며 좌절했지만 '내년에도 이렇게 시간을 허비할 수는 없다'라는 생각에 마음을 다잡고 작은 목표부터 실천하기 시작했어요. 규칙적인 생활 루틴을 만들고, 매일 목표를 정해 시간을 효율적으로 관리하며 긍정적인 마음으로 그 시간을 극복했던 것 같아요.

즐겁게 배우고 다채로운 경험을 한 대학원 시절

대학 다닐 때는 공부에 집중하느라 다른 활동은 거의 하지 않았어요. 졸업할 즈음에 동아리 활동이나 예체능 활동을 하지 못한 것이 후회되더라고요. 그래서 대학원에 가서는 공부뿐만 아니라 다양한 활동도 열심히 해야겠다고 마음먹었어요.

치의학전문대학원에 진학해서는 테니스 동아리와 학생회 활동에 적극적으로 참여했어요. 아마 치과의사라는 진로가 정해져 있어서 마음이 조금 더 여유로웠던 것 같아요. 그래서 다양한 활동을 즐길 수 있었고, 여러 사람들과 친해질 수 있어서 의미 있는 시간을 보냈어요.

치과대학 동기들, 졸업 10주년 기념 여행

교정과 전문의가 되기를 꿈꾸었어요

　치의학 대학원에 진학해 교정학 전문의를 목표로 공부했어요. 그런데 교정학 경쟁이 너무 높아서 합격할 수 있을지 걱정하며 인턴 과정을 보냈죠. 다행히 인턴 생활 동안 최선을 다한 결과, 꿈에 그리던 교정과 레지던트가 될 수 있었어요. 그리고 아직 부족한 점이 많다고 생각해 학교에 남아 조금 더 공부를 해보자고 했던 것이 지금에 이르렀어요.

　어느 대학교나 마찬가지겠지만 경희대학교 교수 임용 경쟁이 치열해 교수로 임용되는 순간은 꿈을 이룬 듯했어요. 치과의사이자 교수가 되자 부모님과 치과대학 선후배 동문의 격려와 지지를 받으며 큰 행복을 느꼈고요. 만약 레지던트 수련 후 바로 개원했더라면 이런 진심 어린 응원과 지지는 받지 못했을 것 같아요.

스승의 날,
지도 학생들의
마음의 편지

경희대학교
교정학교실 동문:
대한치과교정학회
학술대회 참석

인생의 멘토를 두 분 만났어요

저에게는 인생의 멘토가 되는 두 분이 있어요. 교정과에서 함께 근무하는 김수정 교수님과 안효원 교수님이세요. 김 교수님은 제가 교정과 레지던트를 지원했을 때 저를 선발해 주셨고, 안 교수님은 제가 2년 차 레지던트 시절 서울대학교에서 경희대학교로 부임하셨어요. 레지던트 과정을 마치고 개원과 학업의 기로에 섰을 때 두 분은 인생 선배이자 교정과 선배로서 저에게 현명한 조언을 아끼지 않으셨죠. 두 분 덕분에 용기를 얻어 학교에 남아 공부를 이어갈 수 있었어요.

두 분은 학문적인 지식을 전달할 때 단순한 경험담에 따르기보다 항상 이론적인 근거를 제시하고 최신 연구 결과를 공유해 주셨어요. 단순한 지식을 넘어 저 스스로 학습하고 성장할 수 있도록 이끌어 주셨고요. 많은 선배가 '라떼는 말이야'라는 말로 과거의 방식을 강요하는 때가 많지만 두 분은 저의 의견을 존중하며 함께 고민해 주셨죠. 이를 통해 저는 서로를 존중하는 마음과 겸손의 중요성을 깨달았고, 지금도 두 분 덕분에 더 나은 사람으로 성장하고 있어요.

　두 교수님을 통해 진정한 리더의 모습을 배울 수 있어요. 치과병원뿐만 아니라 사회 전체의 발전을 위해 솔선수범하여 작은 변화를 만들어 내고, 이것이 큰 변화로 이어질 수 있도록 노력하시는 두 분과 앞으로도 함께 할 수 있는 것을 큰 행운으로 생각해요.

인생 멘토 교수님들과 함께

9장에서는?

앞에서 미처 해결하지 못한 궁금증을 해결하는 시간! 개인병원과 대학병원에서 일하는 차이는 무엇이고, 치과 진료에서 중요한 것은 무엇인지, 또 우리나라 치의학의 수준은 어느 정도인지도 알아보아요.

QUESTION 01
어떤 경우에 어린이도 교정치료가 필요한가요?

보통 치아교정은 중학생이나 더 큰 아이들이 하는 걸로 생각하는 경우가 많지만, 어린이도 빨리 교정을 시작해야 할 때가 있어요. 예를 들어, 턱이 너무 나와 주걱턱처럼 보이거나, 턱이 너무 작아 무턱처럼 보일 때는 턱이 자라는 방향을 조절해 주는 교정 치료를 해요. 또, 젖니가 너무 일찍 빠졌는데 영구치가 안 나거나, 이가 이상한 방향으로 나올 때도 조기에 치료가 필요할 수 있어요.

이 밖에도, 손가락을 자주 빠는 습관이나, 혀를 자꾸 앞으로 미는 습관, 코 대신 입으로 숨 쉬는 습관이 있다면, 입안의 구조가 달라져서 이가 튀어나오거나 입이 안 다물어지는 문제가 생길 수 있어요. 이런 것도 치아교정으로 도와줄 수 있어요.

주걱턱처럼 아래턱이 튀어나오면 6~7살쯤 교정을 시작하기도 하고, 무턱처럼 아래턱이 작을 때도 초등학교 저학년 때부터 치료를 시작할 수 있어요. 하지만 사람마다 성장하는 속도가 달라서, 나이보다는 이가 어떻게 나고 있고, 얼굴 뼈가 어떻게 자라는지를 잘 살펴봐야 해요.

그래서 영구치가 나기 시작하는 시기인 6살 무렵부터는 정기적으로 치과에 가서 검사를 받아보는 게 아주 중요해요. 이때 검사를 잘 받아두면, 나중에 더 복잡한 교정을 하지 않아도 되고, 더 예쁘고 건강한 이로 자랄 수 있답니다.

왜 어릴 때 적극적으로 치료해야 하나요?

어릴 때 교정 치료를 제때 하지 않으면 나중에 이가 더 많이 삐뚤어지거나, 턱뼈가 이상하게 자라서 이를 빼거나 수술까지 해야 할 수도 있어요. 이 때문에 음식 씹기나 숨쉬기, 말하기가 힘들어지는 경우도 생겨요. 또, 영구치가 나올 자리가 없으면 덧니가 생기거나, 아예 나오지 않는 경우도 있어요. 이렇게 되면 치료도 오래 걸리고 더 어려워질 수 있어요.

반대로, 제때 교정을 하면 턱이 바르게 자라고 나쁜 습관도 고칠 수 있어서 이도 가지런하게 나오고 얼굴 모양도 예뻐져요. 숨쉬기나 말하기도 더 편해지고, 자신감도 생겨서 친구들과 잘 지낼 수 있어요. 그래서 어릴 때 교정치료를 받는 게 정말 중요해요.

어떤 때 교정 치료가 필요한지 모르겠다면 다음에 제시하는 항목을 보고 치아를 관찰하세요. 만약 해당하는 항목이 있다면 치과에 가서 진료를 받아보는 게 좋겠어요.

V	체크 항목
☐	1. 이가 삐뚤빼뚤하거나 고르지 않아요.
☐	2. 덧니가 있어요.
☐	3. 치아 사이가 벌어졌어요.
☐	4. 젖니가 아직 남아있어요.
☐	5. 젖니 뽑고 새 이가 안 나와요.
☐	6. 왼쪽과 오른쪽의 치아 나오는 시기가 6개월 이상 차이가 있어요.
☐	7. 충치로 젖니를 일찍 뺐어요.
☐	8. 입을 다물기 힘들고 숨을 입으로 쉬어요.
☐	9. 주걱턱(턱이 튀어나온 경우)이거나 무턱(턱이 들어간 경우)이에요.
☐	10. 얼굴이 한쪽으로 더 길어요.

치료보다 예방이 더 중요한 이유가 있나요?

　예방치과는 치아가 아프기 전에 미리 건강을 지키는 것을 목표로 해요. 충치가 생긴 뒤에 치료하는 것보다, 처음부터 병이 생기지 않게 막는 게 훨씬 쉽고 덜 아파요. 치아에 질환이 생기면 원래대로 되돌릴 수 없어요. 미리 관리하면 치료비도, 고통도 줄일 수 있지요. 그래서 어릴 때부터 치아 건강을 지키는 습관을 들여야 해요.

　구강 건강을 지키기 위해서는 매일 올바른 방법으로 양치질하고, 6개월에서 1년에 한 번은 치과에 정기적으로 가서 검사를 받는 게 좋아요. 충치가 잘 생기는 곳에는 불소를 발라주거나, 실란트로 보호막을 씌우면 충치를 막을 수 있어요. 그리고 초콜릿, 사탕, 탄산음료 같은 단 음식을 줄이고, 먹었다면 바로 물로 헹구거나 칫솔질하는 게 좋아요.

우리나라 치의학 수준은 어느 정도인가요?

QUESTION 04

　우리나라 치의학 수준은 세계적으로 매우 높은 편이에요. 치료 기술에 있어 한국의 치과 치료는 정밀하고 빠르기로 유명해요. 임플란트, 교정, 심미 치료(예쁘게 만드는 치료) 등에서 세계적으로 인정받고 있고, 외국에서 일부러 치료받으러 오는 의료 관광객도 많아요.

　한국은 치과용 재료와 장비를 직접 개발하고 수출할 만큼 기술력이 뛰어나요. 디지털 장비나 3D 프린터를 이용한 보철물 제작도 빠르게 발전하고 있어요. 진료 예약, 치료 과정, 환자 응대가 빠르고 체계적이에요. 대학병원과 개원의 모두 수준 높은 진료를 제공하고 있어서, 대부분의 국민이 높은 수준의 치과 서비스를 쉽게 받을 수 있는 환경이에요.

　국내 치과대학에서는 꾸준히 연구가 이루어지고 있고, 세계적인 학술지에 논문도 자주 발표돼요. 한국 치과의사들은 해외 학회에서도 활발히 활동하며 치의학 발전에 기여하고 있어요. 또한, 해외 의료진들이 우리나라 치과대학의 학위과정 및 단기/장기 진료 실습 프로그램에 참여하고 있어요.

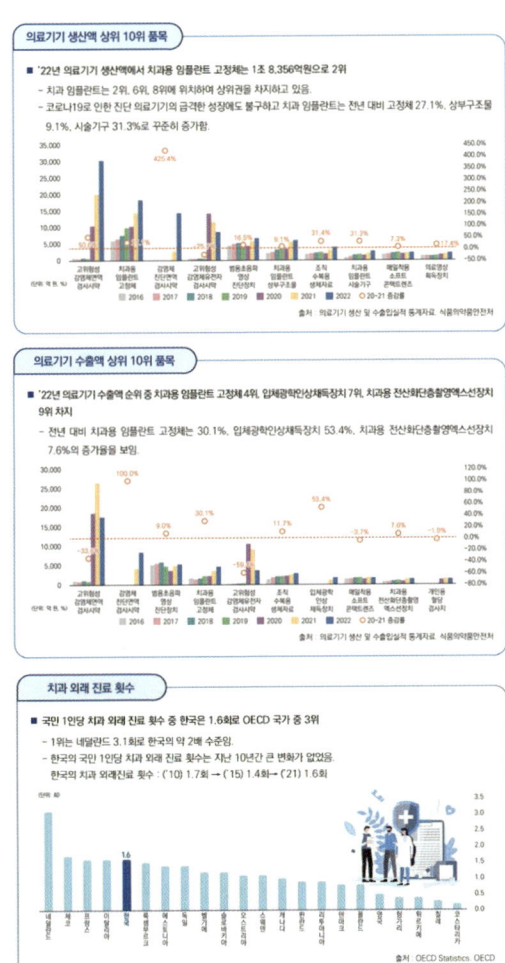

직업적인 습관이 있나요?

보통 사람들이 다른 사람을 처음 만날 때 눈을 가장 먼저 보는 것과 달리 저는 상대방의 치아에 시선이 자연스럽게 갑니다. 앞니가 가지런한지, 위아래 치아가 잘 맞물리는지, 웃을 때 어떤 모습인지 자세히 살펴보는 버릇이 있어요. 아이들을 볼 때는 주걱턱이나 무턱이면 부모님의 얼굴을 살펴보며 유전적인 요인을 확인하기도 하고요.

그리고 이쑤시개를 사용하는 사람들을 보면 치실 사용을 권하고, 아이들이 킥보드를 타거나 놀 때는 항상 치아 부상에 대한 걱정을 놓지 못해요. 특히 아이들이 넘어져 다치면 상처보다 치아 상태를 먼저 확인하고, 상처가 깊게 베어서 피가 나고 있는데도 치아에 이상이 없으면 아이에게 "상처는 아물면 괜찮아."라고 설명하기도 해요. 저에게 치아는 무엇보다 중요한 부분이기 때문이에요.

스트레스는 어떻게 해소하세요?

QUESTION 06

저는 스트레스에 강한 편이라 병원에서 생긴 문제들은 대부분 그날 해결하려고 노력해요. 하지만 풀리지 않은 상태로 집에 왔다면 야구 경기를 보며 스트레스를 풀어요. 어렸을 때부터 야구를 좋아했고, 야구의 도시 부산에서 태어나 고등학교까지 거기서 다녔죠. 고등학교와 사직운동장이 가까운 곳에 있어서였는지 롯데 자이언츠의 오래된 팬이에요. 스트레스를 받을 때 주말에 야구 경기장에 가서 큰 목소리로 응원하고 오면 스트레스가 확 날아가곤 해요. 그렇지만 롯데 자이언츠의 성적이 부진하면 스트레스가 더해지는 날도 있어요. (웃음)

가족과 함께 주말에 소풍이나 여행을 가는 것도 좋아요. 아이들과 함께하는 여행은 저에게 큰 즐거움을 주고, 아이들의 웃음소리는 언제나 저를 행복하게 만들어주죠.

연봉은 어느 정도인가요?

QUESTION 07

　개원했는지, 어디서 근무하는지, 경력은 얼마나 되는지 등에 따라 연봉의 차이가 커요. 2022년 한국보건사회연구원의 <보건의료 인력 실태조사>에 따르면, 치과의사의 평균 연봉은 약 1억 9,500만 원 정도였어요. 의사 평균보다는 조금 낮고 한의사보다는 높은 연봉이에요.

　월급을 받는 봉직의의 평균 연봉은 약 1억 2,000만 원이고, 개원의는 2억 원이 조금 넘어요. 일부 개원의의 경우 연봉이 5억 원 이상인 경우도 있어요. 이처럼 경력과 근무지 등에 따라 연봉은 차이가 난답니다.

정년퇴직이 있나요?

대학병원 교수는 정년이 정해져 있어 65세에 퇴직하지만, 일반 치과의사는 정년이 없어요. 일부 교수님들은 은퇴 후에도 병원을 단독 개원하거나, 동료들과 함께 공동 개원을 하기도 해요. 다른 병원에서 월급 의사로 근무하거나, 개발도상국에서 치의학 교육과 봉사활동을 하는 분들도 있어요. 또한, 치과 재료 회사에 취직해 신제품 개발에 참여하거나 임상 연구 자문을 하는 경우도 있어요. 이처럼 은퇴 후에 다양한 분야에서 제2의 인생을 설계하는 분들이 있는데요. 몸과 마음이 건강하면 나이에 상관없이 원하는 일을 할 수 있답니다.

⊕ 학술대회 강연

대학병원과 개인병원의 진료는 어떤 차이가 있나요?

QUESTION 09

3차 의료기관인 대학병원은 대체로 1차 의료기관의 진료 의뢰가 있어야 진료를 받을 수 있어요. 하지만 치과는 1차 의료기관의 진료 의뢰 없이 대학병원에서 바로 진료받을 수 있어요.

대학병원 치과는 다양한 치과 전문 분야로 나누어져 있고, 복잡하고 난도가 높은 질환이 있는 환자들을 주로 진료해요. 개인병원에서 의뢰받은 환자뿐만 아니라 최신 치료법 연구를 위한 임상 시험 대상 환자들도 많이 찾아요. 또한, 치과대학 학생과 전공의의 교육을 담당하고 다양한 학술 연구를 수행하며 치의학 발전에 기여합니다.

개인병원 치과는 일반적인 치료 진료를 중심으로 운영돼요. 충치 치료, 스케일링, 보철, 임플란트 등 일상적인 치과 치료를 주로 제공하죠. 개인병원 치과의사는 본인의 의지로 교육과 세미나에 참여하여 최신 치과 지식을 습득할 수 있지만, 연구 활동은 제한적일 수 있죠. 또한, 병원 경영과 행정 업무를 직접 관리해야 하는 경우가 많아요.

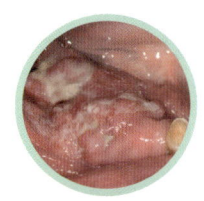
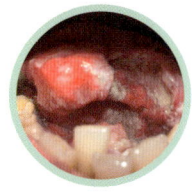

⊕ 구강 내에서 발생하는 구강암

이러한 차이점들은 치과의사들이 어떤 근무 환경을 선호하고, 어떤 경력 목표를 가졌는지에 따라 진로 선택에 큰 영향을 미칩니다.

생명을 위협하는 질환도 있나요?

QUESTION 10

치과의사는 주로 구강 건강을 유지하고 치료하는 역할을 하지만, 때로는 생명을 위협하는 질환을 조기에 발견해 환자의 생명을 살리기도 해요. 제가 구강악안면외과 인턴 시절에 숨을 쉴 수 없다고 호소하는 환자가 구급차에 실려 왔어요. 심각한 구강 내 감염으로 목 주변이 부풀어 올라 호흡이 어려운 상태였죠. 구강악안면외과 교수님들은 신속하게 감염 원인을 찾아 수술을 진행해 환자의 생명을 구했어요. 이처럼 구강 내 감염, 출혈, 교통사고로 인한 악골 골절 등은 생명을 위협할 수 있어요. 그뿐만 아니라 입안에도 암이 생길 수 있어요. 구강암이라고 불리는 이 질환은 두경부암의 일종으로 혀, 혀 밑, 볼 안쪽, 잇몸, 입천장, 입술 등 구강 내 다양한 부위에 발생하는 악성 종양이에요. 이런 구강암을 비롯한 생명을 위협하는 질환은 구강악안면외과 의료진이 신속하고 정확하게 진단하고 치료합니다.

치과의사가 환자를 처음 만나 진료하고, 진료를 마무리할 때까지 과정

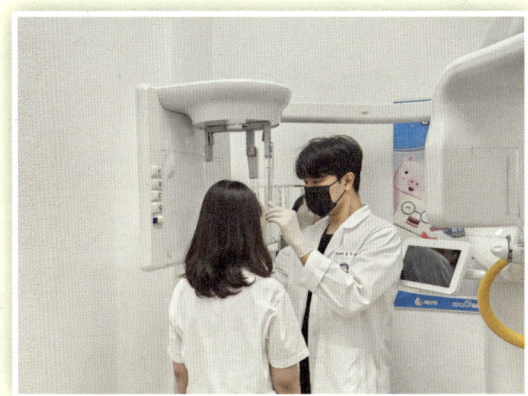

X-ray 촬영 사진

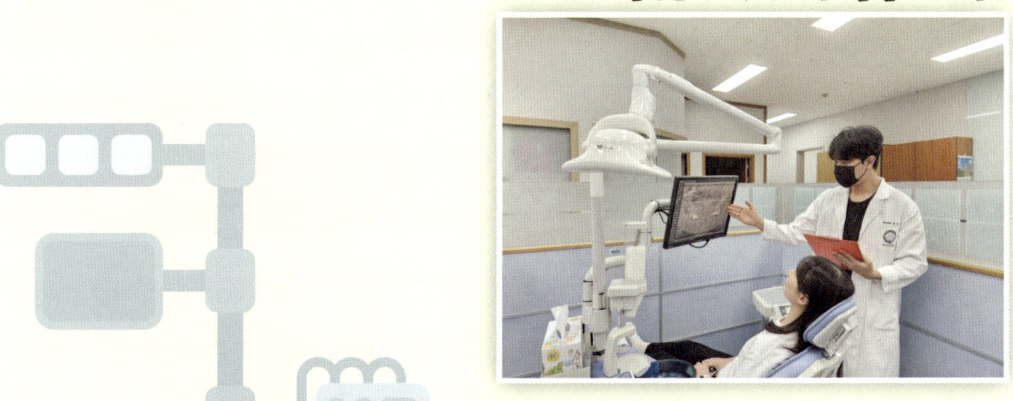

촬영한 X-ray 검사 결과를 환자에게 설명

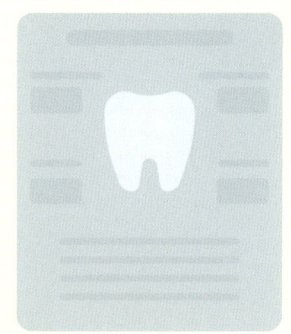

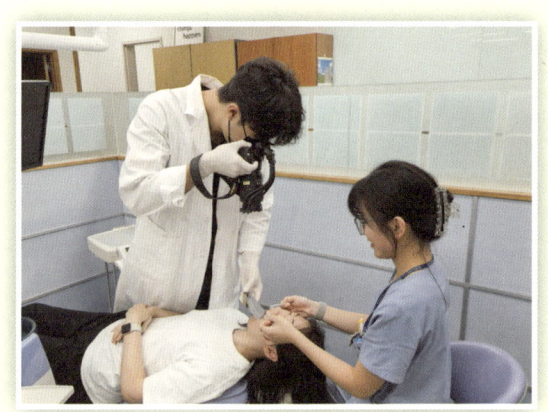

임상검사 과정 중 구강 내 사진 촬영

임상검사 과정 중 얼굴 사진 촬영

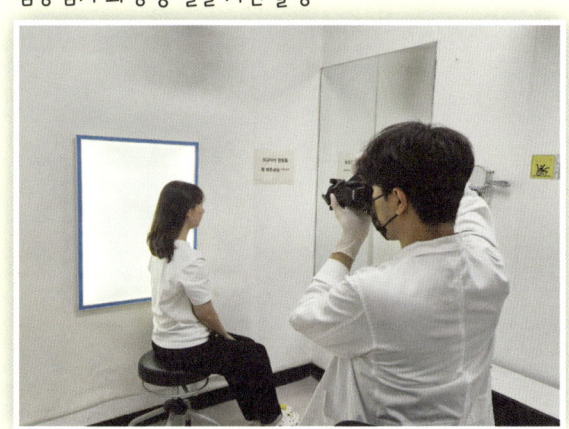

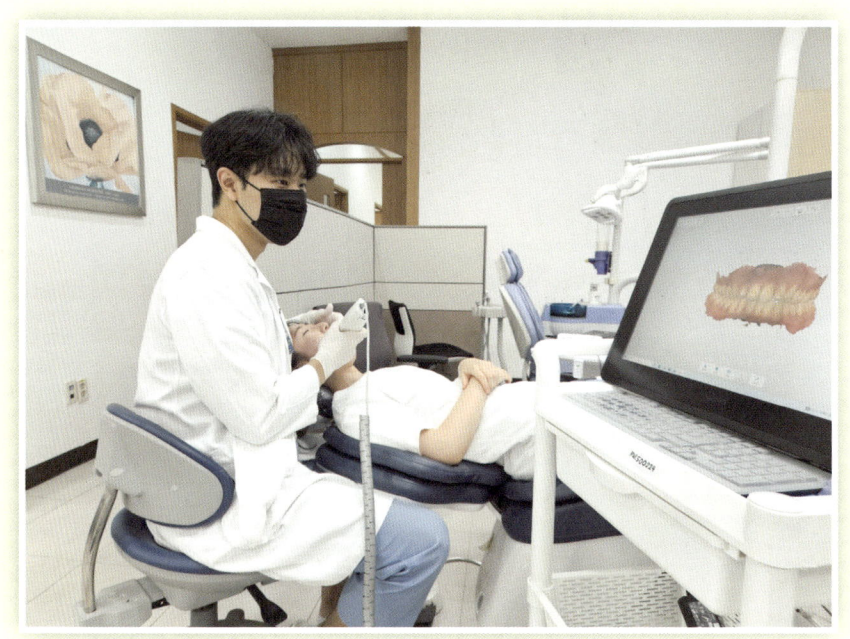

임상검사 과정으로 구강 내 스캔 채득을 통해 환자의 교합 검사 시행

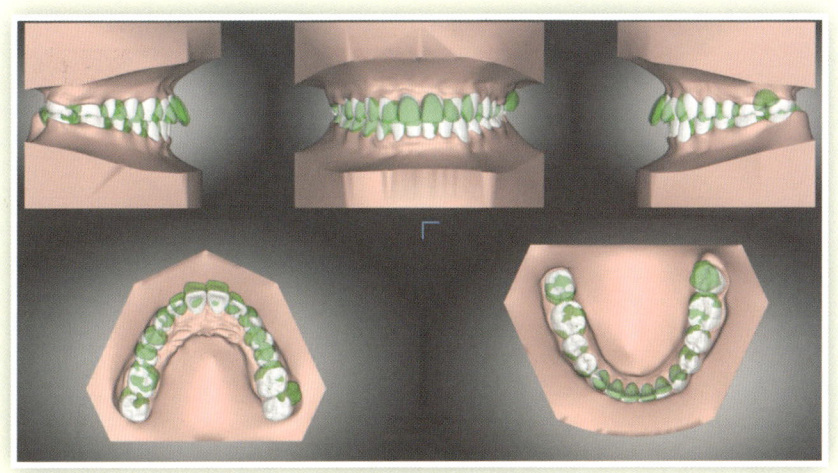

구강 내 스캔 과정으로 체득한 환자 교합 상태를 검사하여 교정 치료 계획 수립

교정 치료 진행 과정

치료 전

교정 장치 부착

교정 치료 진행

교정 치료 종료

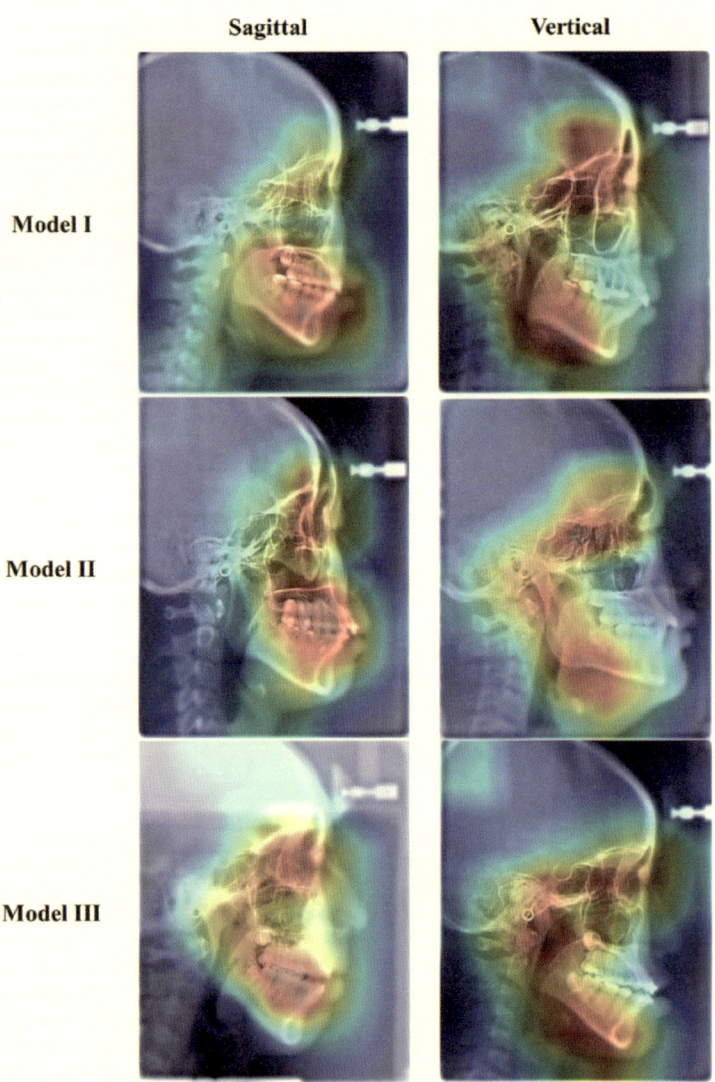

AI를 이용한 부정교합 진단: AI의 시선
출처: <J Dent Res>, 2020 Mar;99(3):249-256

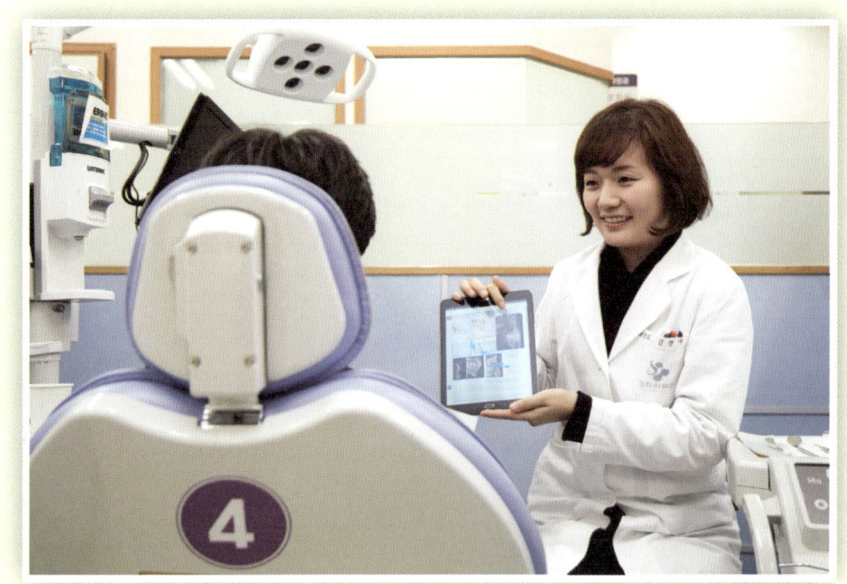

치과교정과 환자 진료 과정

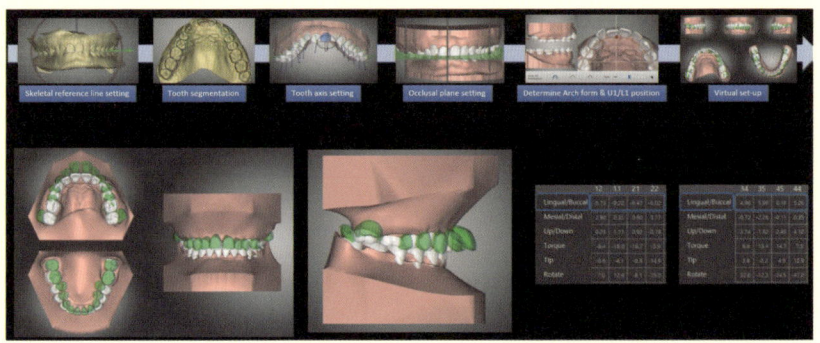

구강 스캔 데이터를 이용한 치료 계획 수립

치과의사가 환자를 치료하는 다양한 도구

1. 충치 치료 및 신경 치료 시 사용하는 기구

기구	용도
탐침	치아의 상태를 탐색하고 충치, 균열, 치석 등을 탐지할 때 사용
치경	구강 내부를 확인하기 위해 사용되는 작은 거울
와동 형성 Burs	치아에 구멍을 내거나 충치를 제거할 때 사용되는 회전 도구
레진도포기	치아 수복 재료(레진)를 충치 와동에 수복하는 기구
파일	신경 치료 시 치아의 뿌리에서 치아 신경을 제거하고 청소하는 기구
광중합기	레진을 경화시키기 위한 LED 또는 UV 광선을 쏘는 기구

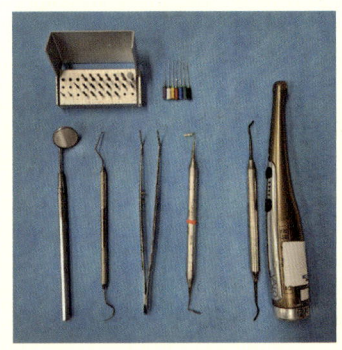

⊕ 충치 치료 및 신경 치료 시 사용하는 기구

2. 잇몸 치료 기구

기구	용도
초음파스케일러	초음파 진동의 미세 흐름을 이용해 치아 표면의 치석을 제거하는 기구
수동스케일러	치아 표면의 치석을 제거하는 기구
치주탐침기	치아 주위 뼈의 손실 정도를 알기 위해 잇몸의 염증 여부를 확인하는 기구

⊕ 잇몸 치료 기구

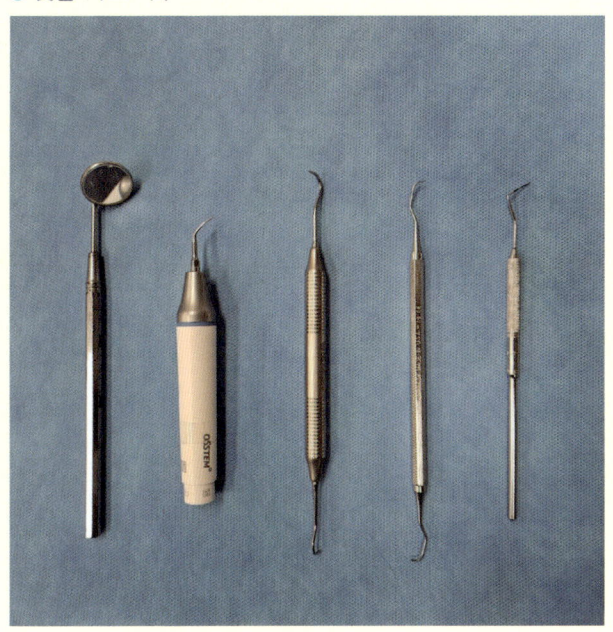

3. 치아 교정 기구

기구	용도
플라이어	와이어를 조작하기 위한 기구
와이어	치아를 움직이기 위해 브래킷에 결찰되는 교정용 철사
브래킷	치아 표면에 부착되어 와이어를 고정하여 치아를 움직이게 하는 금속 또는 세라믹 장치

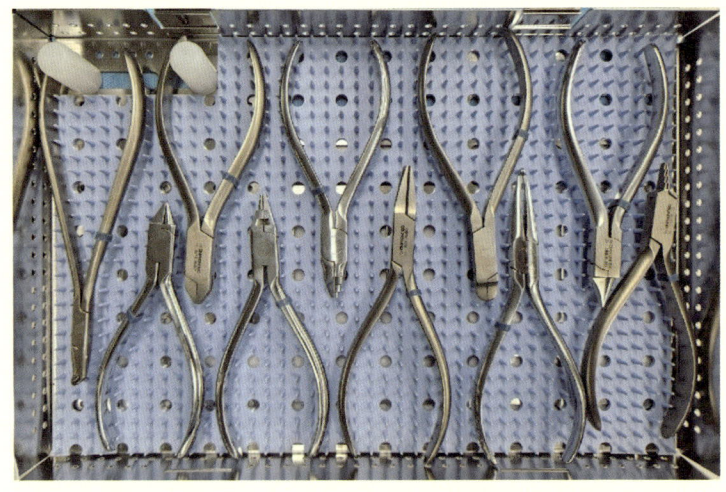

⊕ 치아 교정 기구

4. 구강외과 발치 기구

기구	용도
발치겸자	치아를 발치할 때 사용하는 기구
엘리베이터	발치 시 뼛속에서 치아를 들어 올리는 기구

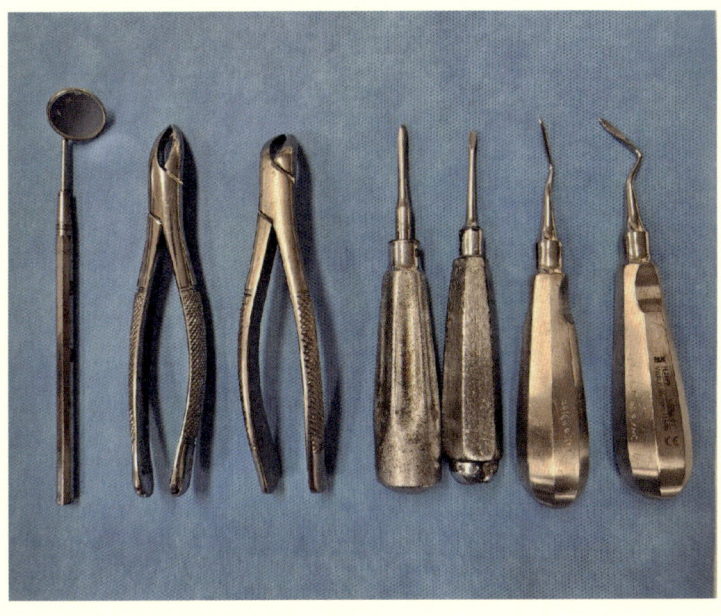

⊕ 구강외과 발치 기구

CHAPTER. 11
치과 용어 알아보기

치과 용어 알아보기

일반 치과 용어

- Caries(우식): 충치 또는 치아의 부식을 의미합니다.
- Plaque(치태): 치아 표면에 축적된 박테리아의 얇은 막을 말합니다.
- Calculus(치석): 치아에 단단하게 부착된 치태가 경화된 것입니다.
- Gingivitis(치은염): 잇몸에 염증이 생기는 질환입니다.
- Periodontitis(치주염): 치아 주변 조직에 염증이 생기는 질환으로, 심한 경우 치아 상실을 초래할 수 있습니다.

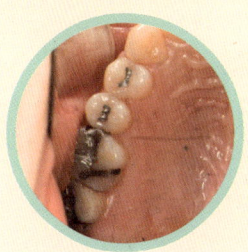 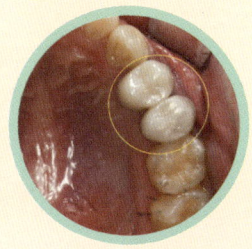

⊕ 좌 아말감으로 치료한 치아
⊕ 우 세라믹 크라운으로 치료한 치아

치과 치료 용어

- Endodontic Treatment(근관 치료): 치아 내부의 신경 및 조직을 치료하는 분야입니다.

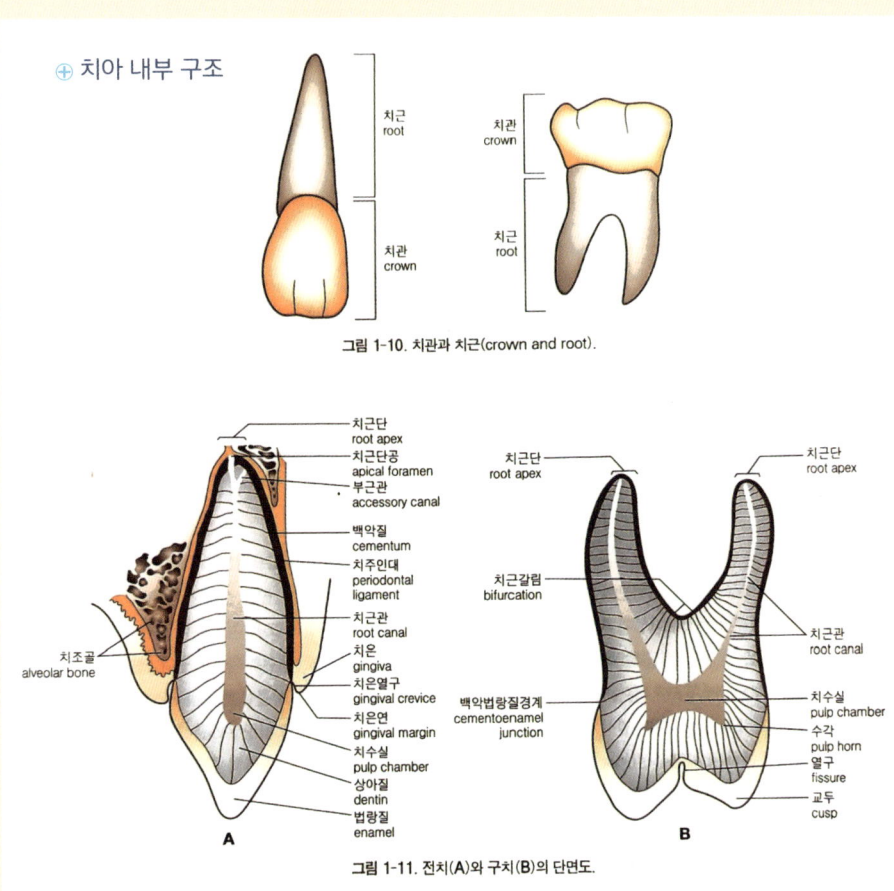

그림 1-10. 치관과 치근(crown and root).

그림 1-11. 전치(A)와 구치(B)의 단면도.

치아의 명칭

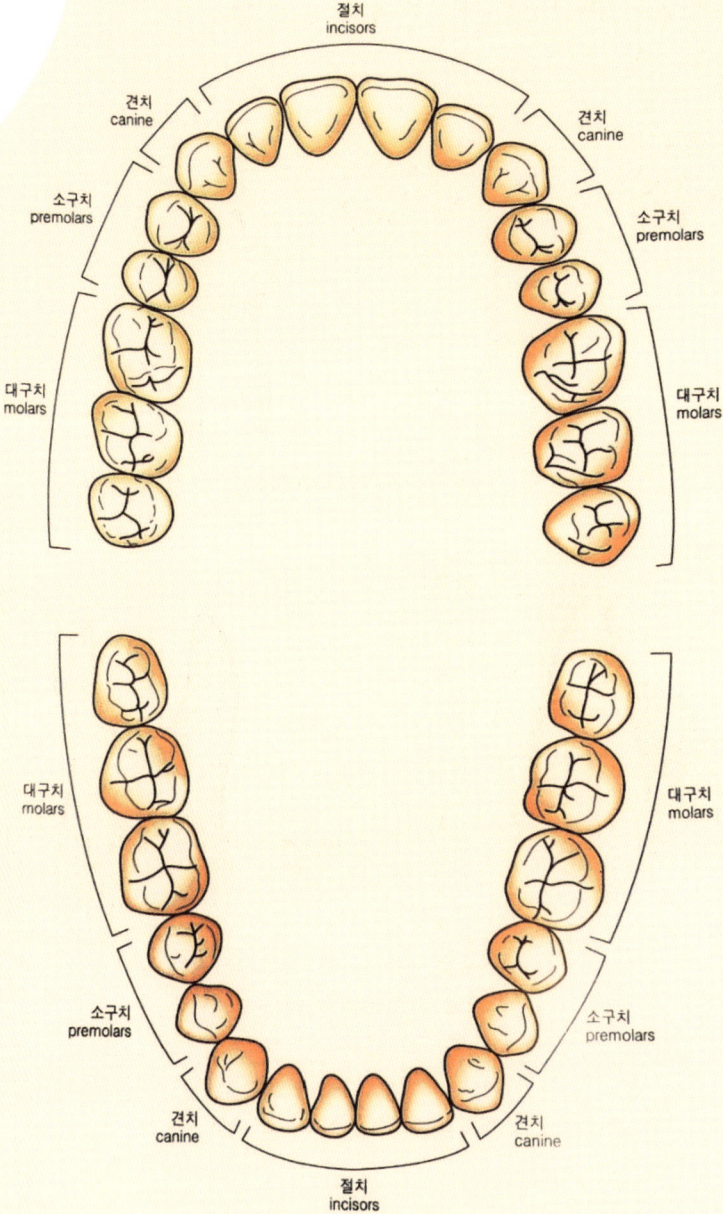

- Implant(임플란트): 상실된 치아를 대체하기 위해 치조골에 식립하는 인공 치근과 상부 보철물을 말합니다.
- Periodontics(치주 치료): 잇몸 등의 치주 조직을 치료하는 분야입니다.

치과 재료

- Amalgam(아말감): 충치 치료에 사용되는 금속 합금입니다.
- Composite Resin(복합 레진): 치아 색깔과 유사한 충전재로 충치를 제거한 후 치아 수복에 사용됩니다.
- Ceramic(세라믹): 크라운이나 브리지 등 보철물 제작에 사용됩니다.

치아 구조

- Enamel(법랑질): 치아의 가장 바깥층 표면을 말합니다.
- Dentin(상아질): 법랑질 하부에 있는 조직입니다.
- Pulp(치수): 치아의 중심부에 있는 신경조직입니다.

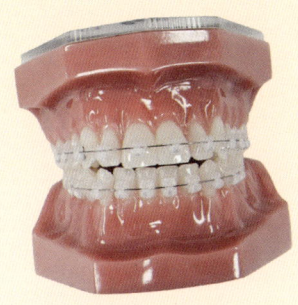

⊕ 브래킷과 와이어

치아의 명칭

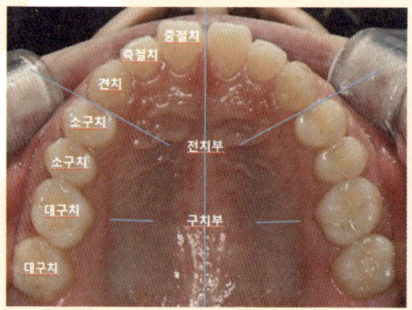
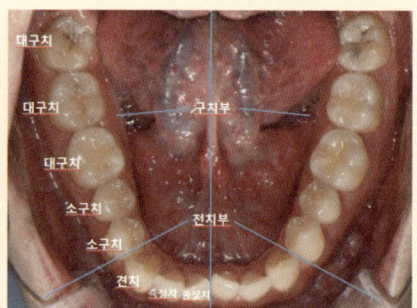

치과 기구 및 장비

- Scaler(스케일러): 치석을 제거하는 도구입니다.
- Curette(큐렛): 잇몸 아래의 치석을 제거하는 도구입니다.
- Handpiece(핸드피스): 드릴과 같은 회전 도구입니다.

교정 치료 용어

- Bracket(교정 장치): 치아를 이동시키기 위해 치아 표면에 부착되는 장치입니다.
- Retainer(유지 장치): 교정 후 치아의 위치를 유지하기 위해 사용하는 장치입니다.
- Clear Aligner(투명 교정 장치): 투명한 플라스틱으로 된 교정 장치입니다.

CHAPTER. 12
나도 치과의사

1. 치아의 구조와 이름 알기

치아는 어떤 구조로 되어 있을까요? 설명을 보고 빈칸을 채워 보세요.

	치아 부분 이름	설명
①		우리가 눈으로 볼 수 있는 부분, 가장 단단함
②		신경과 혈관을 보호함, 상아질보다 더 깊음
③		치아의 대부분을 이루며, 신경을 보호함
④		치아 속에 있는 혈관과 신경이 지나가는 통로

2. 치과에서 쓰는 도구 알기

사진이나 그림 없이, 아래 설명을 보고 어떤 도구인지 맞혀 보세요!

① 입을 벌리고 있도록 도와주는 기구

② 충치를 제거할 때 쓰는 회전식 도구

③ 치아의 표면이나 잇몸 사이를 깨끗이 닦는 도구

④ 입 안을 비추는 데 쓰는 작은 거울

정답: ① 개구기, ② 핸드피스(드릴), ③ 스케일러, ④ 치경

3. 치과 진료 기록지 작성해 보기

다음은 진료 전 치과의사가 작성하는 문진표입니다. 작성해 보세요!

1. 지난 1년 안에 치과 치료를 받은 적이 있나요? (예 / 아니오)

2. 평소 양치질은 하루 몇 번 하나요? (　　　번)

3. 충치가 생기는 원인 중, 가장 큰 이유는 무엇이라고 생각하나요?

　□ 단 음식 섭취　　□ 양치 부족　　□ 유전

추가 질문:

치과의사가 환자에게 꼭 물어보는 질문은 무엇일까요?

→ _____

4. '나의 치과 실험실' - 침의 역할 실험하기

주제: 왜 입 안이 마르면 충치가 잘 생길까?

준비물: 두 조각의 비스킷, 물, 비닐봉지

1. A조각은 물에 적셔서 비닐에 넣고

2. B조각은 마른 상태로 비닐에 넣은 뒤

3. 이틀 후 상태 비교해 보기

 실험 결과 기록하기:

1. 실험 결과를 써 보세요.

_____

2. 실험을 해 보고 어떤 생각이 들었는지 써보세요.

_____

해설: 침은 음식물 찌꺼기를 씻어 내고, 입 안을 중성으로 유지해 주기 때문에 충치를 막아주는 중요한 역할을 해요.

5. 치과의사가 되려면 어떤 공부가 필요할까요?

아래 과목은 치의학과 어떤 관련이 있을까요? 선으로 연결해 보세요!

생물 •　　　• 치아 조직, 세균, 면역 작용에 대해 알아야 해요

화학 •　　　• 치아에 쓰는 재료(레진, 아말감)의 성질을 알아야 해요

물리 •　　　• 엑스레이, 교정력 계산 등에 물리 지식이 필요해요

수학 •　　　• 치아 배열, 치료 계획 계산 등에 활용돼요

 내가 지금 좋아하는 과목과 연결되는 부분은 무엇인가요?

→ 나는 (　　　) 과목을 좋아하는데, 치과의사와 이런 관련이 있어요:

6. 상상 속 '디지털 치과' 그리기

미래에는 3D 프린팅, 로봇, 가상현실, 원격진료, AI와 같은 기술이 치과에서 사용될 거예요. 어떤 치과병원에서 일하고 싶은지 상상해 보고, 병원 이름도 정해 그림으로 그려보세요.

초등학생의 진로와 직업 탐색을 위한 잡프러포즈 시리즈 52

치과의사는 어때?

2025년 8월 12일 초판 1쇄

지은이 | 김경아
펴낸이 | 김민영
펴낸곳 | 토크쇼

편집인 | 박성은
표지 디자인 | 이희우
본문 디자인 | 책읽는소리
홍보 | 이예지

출판등록 2016년 7월 21일 제 2023-000173호
주소 | 서울시 마포구 월드컵북로98, 2층 202호
전화 | 070-4200-0327
팩스 | 070-7966-9327
전자우편 | myys327@gmail.com
ISBN | 979-11-94260-43-1(73190)
정가 | 13,000원

이 책의 저작권은 저자와 출판사에 있습니다.
서면에 의한 저자와 출판사의 허락 없이 이 책의 전부 또는
일부 내용을 사용할 수 없습니다.